毎日すること。ときどきすること。

有元葉子

講談社

はじめに

「10年後が違うかも、と思ってね」

台所仕事をしていると、つい、調理台にもたれかかってしまいがちです。気がついたら、キュッとお腹を引き締めます。気がつくたびにそれを心がければ、そのうちにきれいな姿勢が身につく気がするのです……と、こんな話を前書『使いきる。』に書きました。そうしたら、本を読んだ親しい人に言われてしまった。「有元さんは続けて、こうも言っていますよ。『10年後が違うかも、と思ってね』」「あら、そんなことを言っている？」と笑ってしまったけれど。ある意味で〝生きていく〟って、そういうことかもしれないなと思いました。

毎日の小さなことの積み重ねで、1年後、5年後、10年後、20年後の自分ができていく。今日食べているものが、今日考えていることが、今日やったことが、確実に未来の自分につながっているんですよね。

5年後にこうなっていたい、なんていう人生設計を私は立てたこともないし、信じていません。それよりも、家の片づけ、ぬか漬け、語学、台所道具作りなどの仕事……。最初はうまくいかなくても、「そのうちなんとかなるでしょ」という気持ちで諦めずに続けてきたことはたくさんあって、そういう毎日の〝こつこつ〟で、今ようやく「なんとかなっている」という感じでしょうか。

決してラクではないけれど、私が元気で、面白そうに生きているように見えるとしたら、そういう生き方、暮らし方を続けているせいなのです。

ちょっとだけ人生の先達かもしれない私の「やっていること」。若いみなさんの豊かな日々の参考になれば幸いです。

目次

第2章　ときどき、必ずすること

第3章

続けていること

第4章　毎年すること

第1章

毎日すること

朝はこれから……

朝起きて最初に何をしますか？　こう聞かれるのが、実は一番困ります。起きて顔を洗って……ぼーっとしているのです。すぐに目が覚めず、30〜40分は使いものになりません、なんて言うと、きっと驚かれますね。暇さえあれば、しょっちゅう、どこかを片づけたり拭いたりしているほうなのに。恥ずかしながら、朝の私はまるでダメなんです。

それで、ぼーっとした時間になんとなくしているのがストレッチ。リビングの床の上でストレッチをしているうちに、だんだん目が覚めてくる感じです。ヨガのチャイルドポーズ（正座して、頭を床につけて静かに呼吸をするポーズ）などを少しやって、あとはジムで教えてもらった足の指のストレッチを。

これ、すごくいいみたい。ソファや椅子に座ってでも、膝を曲げて床に座って行ってもよいのですが、足の裏を床につけて、指をむぎゅむぎゅと動かして前へ進ませるのです。前へ進んだら、今度は後ろへ帰ってきます。この繰り返し。

足の指のストレッチは、雑巾やタオルを使うとさらに効果的です。

タオルを縦長に床に敷いて、一番手前に足をのせ、むぎゅむぎゅと指を動かして、つかむようにしてタオルをたぐり寄せます。タオルが全部足の下までできたら、今度は逆。指を逆に動かして（つかんだら、離すほうに力を入れて）、タオルを向こう側へと押し返します。

なかなかうまくいかないんですけれど、でも、運動としてはかなり効果があるようです。足全体の筋肉を使うんですね。

そうすると血の巡りがよくなるのでしょう。足の指のストレッチをやっているうちに目も覚めるし、体もじんわり温かくなってきます。

それに、これを続けてとてもよかったのは……。私は外反《がいはん》母《ぼ》趾《し》の気があって、長時間歩くと足の裏が痛くなり、歩くのが嫌になるほどだったのですが、それがなくなったこと。足の使い方が変わったのかしら。痛みを感じなくなりました。

しっかり立って、しっかり歩くのは、元気で生きることの基本ですから、毎朝の習慣として、これからも続けたいと思っています。

家の風通しをよくする

嫌いなものはなんですか、という思いがけない質問を、雑誌のインタビューで投げかけられたとき。即座に答えていました、「川の水のよどんでいるのが嫌いだわ」。川に限ったことではありません。水も空気も、体の中も心の中も、流れが悪くなって、何かがひっかかったり、よけいなものがたまったりしているのが嫌なのです。だから私はこまめに掃除をしたり、片づけをしたりするんだと思う。

昔から、大勢が出入りするキッチンスタジオのスリッパは、帰る前に必ず全部拭き上げています（このことは、うちのスタッフは知らないかもしれません。私が勝手にやっているので）。ひとり暮らしの自宅はあまり汚れませんが、もちろん、気がついたときに片づけたり、拭いたりすることは日常茶飯。

義務ではなく、ましてや人のためでもなく、自分がそこにいてスッキリと気持ちがいいように、空気を入れ換える、風通しをよくする。そのための掃除や片づけと思えば、ちっとも苦ではないのです。

裸足でどうぞ、のベランダ

前書『使いきる。』にも書きましたが、住まいの掃除は「掃除の時間」をわざわざ作らず、埃《ほこり》が目についたりして「やらなきゃ」と思ったときにこまめにします。

ただし、ベランダだけは毎日拭き掃除をします。

こう話すと「ええー、ベランダを毎日拭くんですか⁉」とみなさん、驚かれるんですよね。

ベランダを上手に使いたいと思ったら、まず拭くことです。拭けば、そのまま裸足で外に出られるのです。専用の履き物を置いて、わざわざ履き替えなければいけないと、家の中とベランダが分断されます。それで掃除もしなくなり、ベランダが外とも内ともつかない「どうでもいい空間」になってしまう。もったいないです。

私は今の家に住むまで、ベランダのある家で暮らしたことがありませんでした。この家に来て、初めてベランダという空間を持つことになったとき、「ここは裸足で出られるようにしよう」と最初から思いました。

みなさんのお宅と同じようなコンクリートのベランダです。そこに、すのこ（リビングの床と似たようなオフホワイトの塗装をしました）を敷き詰めて、木床のようにして、毎朝モップで拭くことにしたのです。

ちなみにモップはＤＩＹショップで見つけた、マジックテープで雑巾が簡単に装着できるタイプを使っています。固く絞った雑巾をペタッとくっつけて、ベランダを隅々まで拭き上げ、雑巾を取り外してサッと洗って、干しておしまい。

たった3分程度の仕事なのですよ。一度拭けば、もうそれで習慣になります。

たった3分、と聞いて、ベランダ拭きを始めた人がまわりに何人もいます。「家の中はきれいにしているのに、ベランダは埃や髪の毛がくっついて汚れているのが嫌だな、と横目で見ながら暮らしていたんです」「掃除を始めたら、いらないもの置き場になっていたベランダがスッキリ片づきました」って。ベランダは毎日掃除するものではない、というおかしな先入観にとらわれていたのかな。

ベランダの床面積と高さを掛け合わせてみると、結構大きな空間です。そこを気持ちよく過ごせる場所にすれば、だいぶお得ですし、ハーブを育てたくなったり、ベランダでお茶を飲みたくなったり……。毎日の暮らしに新しい風が吹き込むのです。

修理などでうちにいらした方に「拭いてありますから、素足でどうぞ」と言うと、「いいですねぇ!」と返ってくる。
だから本当は誰にとっても、このほうが気持ちいいんだと思う。

ベランダの植物（ハーブや野菜など食べられるものばかり）に水をやるのも、毎日すること。
料理中にハサミを持ってハーブを摘みにいくときも、室内履きのまま出入りできるので便利です。

ぬか漬けに答えはありません

「かびさせてしまった」「失敗した」と言って、ぬか漬けをやめてしまう人が多いでしょう？　でも、失敗も何も、ぬか漬けに答えはないのです。ぬか床は生き物ですから、うまくつきあうだけです。

かびが出たらどうする？　表面にうっすらできる白いかびなら、ぬか床に混ぜ込んでしまいます。ぬか漬けでもたくあんでも、お漬け物の床を温かいところに置いておくと白いかびがはえます。これは悪いかびではなくて、発酵してきた証拠。これを見ると私は「ああ、おいしくなってきたな」と思って、ぬか床に混ぜ込みます。夏場だったら毎日毎日、白いかびがはえますので、ドンドン混ぜ込んでしまいます。

ですから初心者や、また始めようという方は、5月頃にぬか床を作り始めるといいですね。ぬか床の塩がなれてくるまでに1ヵ月以上かかるし、きゅうり、なす、みょうが……ぬか漬けにしておいしい野菜が6月7月くらいからいっぱい出てきます。そして、この頃から乳酸菌が活動しやすい気温になるからです。

家にいるときは、日に何度もぬか床に手を入れてかき混ぜます。うまく発酵の進んだお漬け物はいい香り。白磁のぬか床鉢を使いだしたら、磁器の手触りも気持ちがよくて、かき混ぜるのがますます楽しみになりました。

昔と比べて今は気温が高いので、夏場はぬか床鉢を冷蔵庫に入れておきます。旅行で家を長期間空けるときは、発酵を休ませるために塩とぬかを足して、ぬか床を固めにして冷蔵庫へ。そうして温度を下げると乳酸菌などの活動がおさまり、静かになって冬眠するのです。この状態で、私は1ヵ月くらい家を空けることもあります。

帰ってきたら、冬眠状態のぬか床を生き返らせます。毎日朝晩、何も入れるものがなくても、とにかくかき混ぜてかき混ぜて……新鮮な空気を入れるんです。もちろん、キャベツの外葉などがあれば、入れてかき混ぜるとなおよし。1ヵ月間冬眠させると、生き返らせるのに2週間くらいかかるかな。とにかく辛抱強くかき混ぜていると、そのうちに「またおいしくなってきたわね」って、そんな感じ。

実家には漬け物小屋があって、母はありとあらゆる漬け物を作っていました。その記憶があるので、家庭を持ってからずっと、私もぬか床と一緒に暮らしています。自家製のお漬け物はフレッシュでおいしい。市販の〝漬け物もどき〟とは別物です。

ここにぬか床があるなんて、誰も気がつかないかも。「ぬか床鉢」は夏期は冷蔵庫、それ以外はカウンターに置いています。
見た目もきれいなので、こんなふうにキッチンに置いていても気分がよいのです。

毎日かき混ぜて新鮮な空気を入れて、ぬか床を可愛がることです。そうすれば「ぬかみそ臭い」なんていうこともないですし、よく発酵したお漬け物はむしろよい香り。わが家のぬか漬け、評判がいいんですよ。

陶芸家の高久敏士さんに作っていただいた「ぬか床鉢」は、かき混ぜやすい楕円のフォルム。釉薬のかかった白磁なのでお手入れもラクです。ふたをしていると、においがまるで感じられないのにも驚きです。

ちょこちょこ作る常備菜

自分で食べるものは自分で作る。生きていくうえで一番大事なことかもしれません。ハードワークでも、しょっちゅう国内外を行き来していても、私がいつも元気で健康でいられるのは、食べるものを自分で作っているからではないかと思います。

と言っても、栄養計算をしたり、何かの食餌《しょくじ》療法を実践しているわけではなく、そのときどきの気分や体の欲するものを食べているだけ。野菜たっぷりが常ですが、時として、肉や魚が多めになるのも、自分の心身がそれを求めるからです。

そもそも、ひとりのときの食事はいたって簡素。粗食と言ってもいいくらい。昼間は仕事で作ったものを食べることが多いですから、夜、家に帰っての食事は、少量ずつ冷凍しておいたご飯やおかゆを解凍して、冷蔵庫から常備菜の容れ物をいくつか出し、おいしいお茶を淹《い》れて、サッとすませることがほとんどです。ジムのあとはトレーナーのアドバイスに沿って、これに少量のタンパク質を摂るくらい。

疲れて帰ってくると、包丁を持つのも億劫《おっくう》ということはありませんか？　たくあんを刻むことすら面倒な日が私にもあります。そういうときのために常備菜は便利。

たとえば、ぬか床からきゅうりを出したとき。ひとりだと1本が食べきれないんですよね。だから残りを細かく刻んでギュッと絞り、おろししょうがを混ぜてふたつきの容器に入れておく。こうしておけば冷蔵庫から出すだけで、すぐに食べられます。牛肉の炒り煮や、いわしのしょうゆ煮などを作ったときも、余分は容器に入れて常備菜に。なすのみそ炒めもピーマンの佃煮も、市販のじゃこなども同様にしています。

常備菜は長年、ふたつきのガラス瓶に入れていました。そのまま食卓に出すのに、ガラス瓶でもよいのだけれど……もうちょっと素敵な器があるといいな。そう思って、陶芸家の高久敏士さんに作っていただいたのが、白磁のふたつきの小さな壺たちです。見た目の美しさ、可愛らしさもさることながら、白磁の器は冷蔵庫の中でひんやりと冷えて、食べ物がおいしく感じられます。ふたつきだと、においがまるで外に漏れない点にもびっくりしました。重ねられるし、気持ちよく洗えるし、プラスティックと違ってにおいも色も落ちやすく、ずっと使えることでも優れていると思います。

この壺があるおかげで、夜のひとりの時間に、ちょこちょこと常備菜を作るのがうれしくなりました。明日、明後日へとつながる元気のため、と思えばなおさらです。

高久敏士さん作の壺たち。一番大きなものは「塩壺」という名前です。小さなものはふたの口径が同じに作られているので、どれを使ってもいいんです。2つくらいなら、冷蔵庫の中で重ねることもできます。

夜のひとりの時間に何をしているかといえば……。たくあんの古漬けを刻んで、ごま油で炒めて常備菜を作ってみたり。私は結局、こんなことばかりです。

常備菜の入ったこの壺を2つ3つと、ご飯とおいしいおみそ汁をお盆にのせれば、立派な一食です(旦那様から文句も出ない、とはうちのスタッフの弁)。壺のふたを開けるとき、うれしいのよね。

まな板、ちゃんと洗っていますか

「また、まな板の話ですか」なんて言われちゃいそうだけど（前書『使いきる。』にも書きました）。でも、依然として多いのです。「まな板が黒ずんでしまった」という人が。どうして？ 13年間使っているまな板、私は黒ずませたことなどありません。それこそ「毎日すること」ですので、洗い方を今一度見直していただきたいです。

水とたわし。これが基本中の基本です。

「玉ねぎを切ったときも？」と聞いた人がいます。すべて、です。何を切っても、最初は水とたわしで洗うのです。たわしをしっかり握り、ゴシゴシと木の目に沿ってひたすらこすります。使わなかった面も側面も。

「洗剤は使わないんですか？」という質問も出ました。ちょっとだけ使いますよ。でも、それは最後のほうの手段です。水とたわしだけでは汚れが落ちないとき、次にぬるま湯で洗います。たわしでゴシゴシと。油分があるときは洗剤をちょっとだけつけて、ぬるま湯で洗うんです。

洗ったら水でよくゆすぎ、手のひらでまな板の表面を触ってみて、きれいになっていることが確認できたら、洗いは完了。ここでにおいをかぐことも大事。においが残っていたら一からやり直しです。においって、粒子だそうです。においがあるということは、そこに何らかの物質が残っているわけです。

さて、さっぱりと洗えたら、ふきんで水けを拭き、陰干しして、ちゃんと乾かしてからしまいます。これも、かびさせないための重要事項。

「肉を切ったときも、水とたわしですか？」という質問もありました。

まずは水とたわしでただひたすらゴシゴシ洗います。脂分が残ったらぬるま湯と洗剤も使います。肉や魚などのタンパク質のものは、いきなり熱湯をかけたりするとタンパク質が凝固しやすいですから、それがかびの素になることも考えられます。しっかりゴシゴシと体重をかけてこすると、気持ちよくきれいになります。

スポンジを使うのは、食器や箸、カトラリーを洗うとき。その際も汚れの種類を確かめて、必要なときだけ洗剤を少し使います。何も考えずに、スポンジに洗剤をシュッとかけて、なんでもかんでも洗う、というのをやめにしましょう。

なにげなくやってしまっている、毎日の習慣を断ち切るのも〝前進〟です。

流水をあてながら、木目に沿ってゴシゴシとたわしで洗います。両面ともしっかり洗ったら、側面も忘れずに。においのあるものを切ったときや脂のついているときは、たわしに少し洗剤をつけて洗います。

洗い終わったら、流水でよくゆすいで、水けをきれいに拭き取ります。

乾かします。ここも重要。拭いて、すぐにしまってしまうとかびの原因に。まな板を立てて乾かすことができれば、両面に風があたるので乾きが早いです。

スポンジの手触りを確かめる

意識してやっていることではないのです。でも、無意識に毎日やっている。やっている、というか感じている。手触りがよくないと、スポンジって嫌じゃないですか？　泡立ちがいいとか、汚れが落ちやすいとか、そういうことは二の次で、触ったときの気持ちよさが私には大切。気持ちのよい材質やボリューム感があるんですよね。

かつて、とてもよいスポンジがありました。ボロボロになってしまって「捨てようかな」と思ったけれど、もう同じものは売っていないので捨てられず、とっておきました。そのボロボロのスポンジ1個をスーツ姿の男性陣が囲んで、何度も触ってみたりして真剣に会議をする様子が、今も目に浮かんで〝クスリ〟とさせられます。忘れられない光景です。そんなふうにメーカーの方たちと会議や試作を重ねて、2年くらいかけて完成したのが、私が今使っているラバーゼのスポンジです。

こだわりすぎでしょうか。しかし、手は頭（脳）に直結しているといいます。日々の中で「感じる」ちょっとしたことが、私たちを育てるのだと思います。

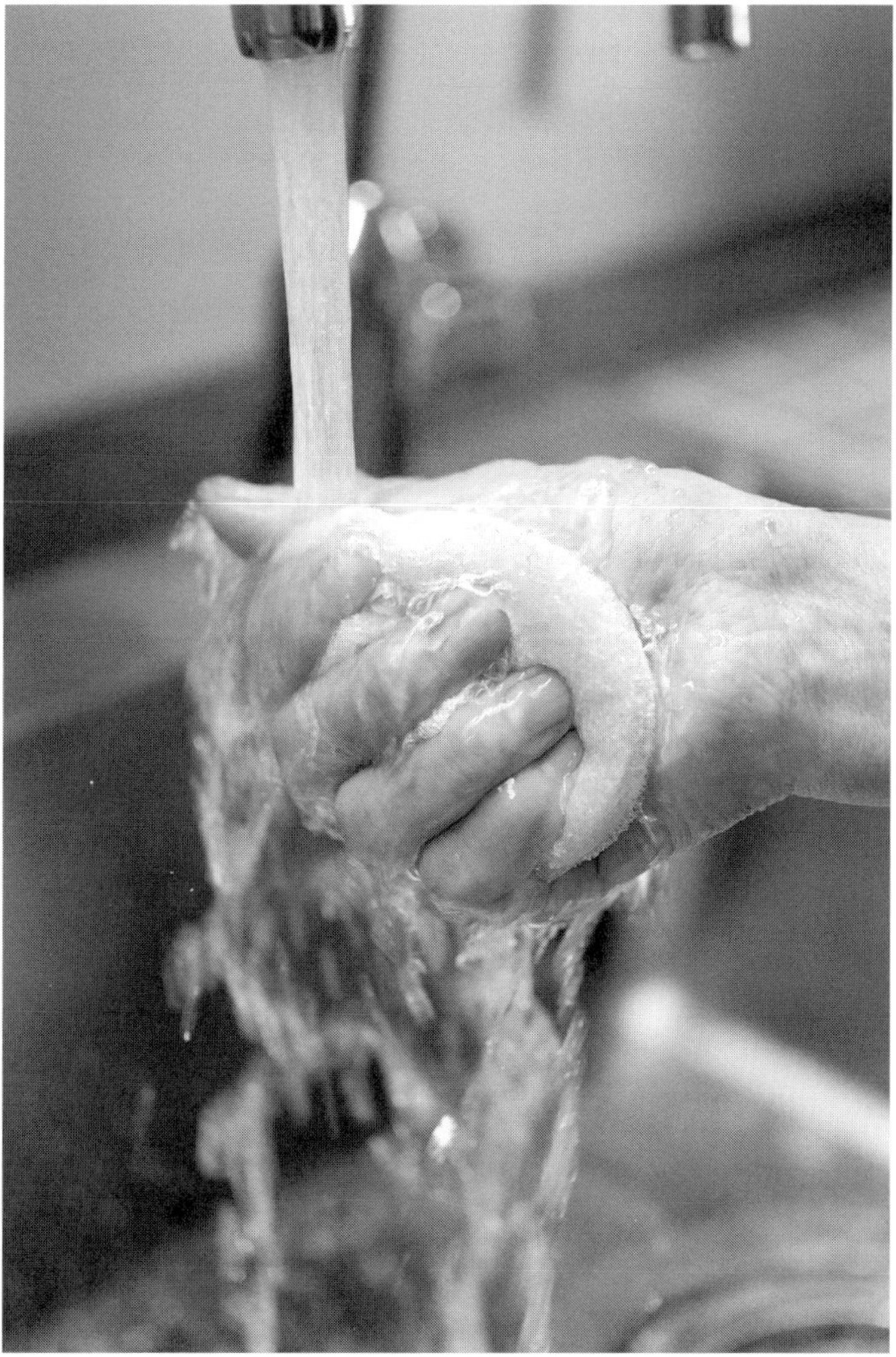

焦げないことよりも焼き色が大切

手を使うということは、脳を使うこと。目や鼻や耳を使うことも、脳を使うことだと思います。それが現代では、ないがしろにされている気がしてなりません。

お料理教室をやっていると、「どれくらい揚げればいいんですか」とか「何分くらいですか？」とか、本当によく聞かれます。だから私は教室の間じゅうずっと、「自分の目で見て判断してください」と言い続けることになる。〝中火で5分〟と私のレシピに書いてあっても、「見なくていい。レシピは置いておきなさい」と言います。

特に火加減はやっぱり五感です。音、色、香り……自分のいろいろなところを働かせて、おいしそうな光景を見ながら料理をすれば、おいしいものができるのです。

世の流れは、フライパンに焦げつきにくさを求めるかもしれないけれど、私は違います。ちゃんとおいしい焼き色がつくフライパンであること、それが重要（だから鉄のフライパンという選択です）。自分の目で見て、自分の手で触り、自分の鼻と舌で大いに感じて、自分が「よし！」と納得する。五感を働かせて暮らしています。

重たい鍋が嫌になってきた

最近は重い鍋が嫌になってきました。一時期、流行しましたよね。鍋の重たいものを使うと、ちょっとかっこよかったりお料理をしている気分になるから、みんなが買ったけれど、今は私のまわりの誰も使っていないです。飾り物になっているみたい。だから、つくづく思うのです。道具は「出し入れ」や「収納」まで含めた使い心地がよくないと、結局は無用の長物になってしまう。毎日しっかりと「使い心地」を感じながら使うことで、余分な道具を増やさずにすむはずです。

最近また、「これって究極」と良さを痛感しているのが無水鍋です。母から譲り受けた50年選手の無水鍋もうちにありますが、びくともせずに未だ現役。ご飯も炊けるし、おいしく煮たり蒸したり、オーブンの代わりみたいにも使えて、本当によく働いてくれます。無水鍋の本を2冊作りましたが、もちろんレシピのだぶりは無し。むしろ「もっとやります?」という感じで、レシピが無限に生まれます。

無水鍋は、無水鍋だけを作り続けている日本のメーカーの製品。軽いお鍋です。

「お茶を淹《い》れる」のもレッスン

「お茶にしましょう」のフレーズを、いったい日に何度口にするでしょう。最近はペットボトルに入ったものを「お茶」と称する向きもあるようですが、うちでは好きな茶葉を使って、急須やティーポットで淹れたものを「お茶」と呼んでいます。日に何度もいただくお茶は、おいしくて、体によい安全な飲み物であってほしいのです。

よく飲むのは番茶、ほうじ茶、紅茶。湯飲みやティーカップやマグカップをいろいろ揃えて、器で気分を変えることもお茶を楽しむ方法です。お客様のときなどに煎茶もよく淹れますが、緑茶はむずかしい。どうもいまひとつ、おいしく淹れられなくて……と、こんなことを言うと意外に思われそうですが、本当です。「ちょっと渋くなっちゃった」とか「もう一息おいたほうがよかったわね」とか、よくあります。

だからこそ、煎茶を淹れるときは落ち着いて、静かな心になるように努めます。「今日はうまく淹れられるかな」と茶器に向かうのは、私にとってレッスンの時間。お客様がいても、いいえ、お客様を迎えるときこそ、自分を鍛えるチャンスなのです。

責任をとって生きる

毎日すること。それは仕事です。

3人の子どもを育てる主婦だった私が、ひょんなことから料理の仕事をするようになって、やがて100冊以上の本を書くなんて、30代の頃には想像もしなかったことです。料理や器が好きで、雑誌の撮影のために器をお貸ししたのがきっかけで、誌面で料理を紹介してほしいとお声がかかるようになり……。求められて、そのときのできる限りの力でやっていたらこうなった、というのが現在です。

ここまで仕事を続けてこられたのは、何事も自分で決めて、決めたことに責任をとってきたからだと思います。言葉は似ているけれど、「責任を持つ」と「責任をとる」は少し違う気がするんです。「責任を持つ」は行動です。「これをやってください」と依頼された事柄に対して、全力で行動するのが「責任を持つ」こと。「責任をとる」は態度や心構えです。責任を持って行動するのはもちろん、よくても悪くても最終的な結果に「責任をとる」——。私はいつも、どんなことも、そういう気持ちでやってきました。でないと、つまらないじゃない？　って思うんですね。責任をとらなくてもいいような、私がやろうが、誰がやろうがおんなじ、っていうのは面白くない。たとえ悪い結果が出たとしても、責任をとることをやり続けたい。

世の中で、責任をとることをちゃんとする人は、言いわけをしないです。言いわけって、責任をほかに転嫁すること。たとえば「メールを送ったのに、どうして返事をくれなかったの？」と言うと、「パソコンが壊れていたから」とか。確かにそれは理由にはなるけれど、ほかにいくらでも方法があるでしょう、と私は思ってしまう。

そんなふうに言いわけをする人は、どんな場合にも責任から逃れようとする。でも本当は何人《なんびと》も、責任から逃れることはできないのです、生きている限り。言いわけをして、その場では責任から逃れたつもりになっていても、自分がしたことの結果は全部、いつか自分に返ってくる――。このことを私は痛切に感じます。どうやら自然の流れとして、宇宙の法則として、そういうふうにできているみたいですよ。

仕事だけではなくて、子育ても家のことも、買い物も旅行も、どんなことも自分で決めて、決めたことに責任をとって生きる。私たちにできる最善の手段はそれしかないし、たとえ苦しくても、そうやって生きたほうが面白い。私はそう思うのです。

「結果」は考えません

私が潔く見えるとしたら、きっと結果を考えないからです。失敗したっていい、と思っています。そもそも「うまくいく」ことが、本当に「うまいこと」なの？　って。自分たちのちっちゃな頭の中で、うまくいくようにと結果を考えて、何かをやって。一時的に成功したり、人からよく思われたりすることが、本当に「うまくいった」ことなんだろうか……と思うのです。むしろ、そのときはうまくいかなくても、あとになって大きな視野でとらえたときに、「あそこで失敗したのがよかった」ということも人生にはたくさんあります。

料理教室でもお話の会でもなんでもいいのですが、たとえば人を集めるイベントを企画したとします。25人の参加者を予定していたのに、10人しかいらっしゃらなかった。みなさんならどうしますか？　私ならたぶん部屋の使い方を、椅子やテーブルの配置を考えます。部屋がガランと寂しく見えなくて、10人がゆったりと心地よく座れて、楽しい時間を過ごせるように工夫します。

考えてみてください。そのときにいらっしゃらなかった15人というのは、どこの誰だかわからない人たちです。そういう人たちが来なかったことを悲観して、何になるのでしょう。それよりも、その場にいらした10人のほうが大事。同じ空間で一緒の時を過ごすのですから、できるだけよい環境を作って、みなさんとよい関係を持つことが、主催者側がゴールにすべきことです。人数はまったく問題じゃない。

今の時代、人が多く集まったとか、ものがたくさん売れるとか、数字ばかりが重要視されるけれど、おかしいです。数字を上げるための工夫や努力なんて、本当に意味がない。大事なのは、自分が何を大切にするのか、何を人と共有したいのか。そこを一番に置いていれば、数字はおのずとついてきます。料理の仕事やラバーゼのもの作りなど、これまでにいろいろなことをしてきて、私はそれを実感しています。

ですから、結果は考えずにやればいいのです。数字や評価を恐れて、最初からチャレンジしなかったり、「できそう」と安心な結果が見えることしかやらなければ、その人はそこまでです。挑もうとしない人に、みずみずしさや魅力は備わりません。困難に立ち向かうことをしないと、脳も心も直感も五感も退化します。若さで輝く時代を過ぎて、50代60代70代になったときに、大きく差が出るのはそこだと思います。

力は出しきったほうがいい

人がどう思うかを「やる」「やらない」の判断材料にしない。自分が本当にやりたいならやる。やるならベストを尽くす。結果は考えない。これが私のポリシーです。

本を作るときも、台所道具の開発をするときも、売れる・売れないは本当にまったく考えていないです。売れなくてもいいくらいに思っている（と言うと怒られそうですが）。ただ、作る以上は自分の納得できないものは嫌だから、その仕事にベストを尽くす。それだけです。すごくシンプル。

もしも、やったことに悪い結果が出たら「自分の力がまだそこまでだったんだ」と、そのときの自分の実力を認めます。これも「責任をとる」ことです。そして次へ進んで、次のことをまた精一杯やればいい——。そういう気持ちで毎日を生きています。

私の経験から、よく若い方々に話すのは「いつでも全力を出しきったほうがいい。そうしないとダメみたいよ」ということ。呼吸と同じで、全部出しきらないと、新しい空気は入ってこないんです。

出し惜しみをしたり、全力を出すのは疲れるから「このへんでやめておこう」と力を出しきらないのは、浅い呼吸をしているのと同じ。自分の中に燃焼されないカスみたいなものがいっぱいたまって、新鮮なものを受け入れられない心身になる。

お料理の教室をやっていても、それはすごく感じます。私は毎回、自分の持てる力を全部出しきります。そうすると、次に教えることがなくなってしまうのではないか、とよく言われるのですが、そんなことはないのです。すべてを出しきったほうが、新しいアイデアや考え方がわいてくるし、面白い情報が入ってきたりもする。出しきることで新しい空気が入ってきて、脳がしなやかになる感覚があります。

それに、自分が持っているものなんて、大したものじゃないんですよ。とてもいいものだからとっておこう、と秘めていても、明日、明後日、1週間後、1ヵ月後、1年後にもそれが「とてもいいもの」であるとは限らない。むしろ逆です。どんどん鮮度が失われて腐っていく。食品と一緒。どんなにおいしいものでも、何日も冷蔵庫に入れておけばまずくなります。それならば、おいしいうちに食べきってしまったり、みんなで分けてしまうほうがいい。実際、私はいつもそうしています。

時間がたったほうがいいものって、本当にない。あ、お漬け物だけは別ですよ。

ぐっすり8時間眠るためには

昼間はフルに働いて、仕事の合間にちょこちょこと片づけや拭き掃除もして。夜、家に帰ると、ありあわせのもので常備菜を作るのが、ささやかな楽しみだったりする……。私の日常はたいていい、そんな日々の連続です。地味だけれど、きっと多くの方がそうなのでしょうね。

寝る前には、〝起きたときに目に入ると嫌なもの〟を片づけます。書類の山だったり、ちょっと置いたまま忘れていたものなどを。もちろん、どんなに疲れていたとしても、水きりかごの中に洗った食器を入れたまま、ということはありません（水きりかごは通過点。食器は拭いてすぐ棚に収めます）。ましてや、汚れた食器をシンクの中に置いたまま寝てしまう……なんていうのは私には考えられないこと。

朝は〝新しい日〟として迎えたいのです。

窓を開けたときに、すがすがしい新鮮な空気が流れ込むように、家の中はきれいにしておきたい。前日の疲れのようなものを持ち越してしまうと、一日を気持ちよくスタートできない気がします。

精神面でもそうです。前日のもやもやした気持ちや、未整理の心配事などは、翌朝まで持ち越したくないですね。

この間、ヨガの先生がすごく面白いことをおっしゃっていました。別に楽しくなくても笑いなさい、って。顔だけでいいから笑うといいですよ、と言うんです。口角をキュッと上げて笑顔でいると、そういう顔をしているだけで脳に刺激が伝わり、体が変わるそうです。こわばりが取れて、リラックスしてくるんですって。

考えてみると、眉間にしわを寄せていても、ニコニコとしていても、そのときに自分が置かれている状況は変わらないわけです。だったら、ニコニコしているほうがいいんじゃない？　と私も思う。ニコニコしていることで、自分の脳や体もほぐれてくれるのなら、なおさらです。

毎日、一生懸命できることをやる。笑顔を心がけて、心身をリラックスさせる。そして眠る——。床に就いたら、私は朝まで7〜8時間ぐっすり眠ります。途中で目が覚めない、子どものような熟睡ぶりです。だから元気なのかな、と思います。

よく眠るためにも、自分を毎日フルに使いきることです。

第2章

ときどき、
必ずすること

ものを「3分の1」に減らしながら暮らす

時間も空間も限られた中で生活していると、たくさんのものを持っていても、すべてを「使いきる」ことができません。使わないものは持ちたくない性分なので、ときどき必ずするのが、持っているものの点検です。

私の整理法は一貫していて、「使う」「使わない」「使うかどうかわからない」の3つにものを分けて考えます。「使わない」の目安は過去1年間に使わなかったもので、これはもちろん処分の対象。「わからない」を「使う」ほうに入れて、とっておく人が多いと思いますが、私は「使わない」ほうに入れます。ここがポイント。

こうすると3つに分けたものが1つだけ残るので、ものが「3分の1」に減った、というイメージです。もちろん「使うもの」「使わないもの」「わからないもの」のボリュームは等分ではないので、正確には「3分の1」ではないですが……。「3分の1に減る！」というイメージを持つことで、使うかどうかわからない曖昧《あいまい》なものを潔く処分できる。ものがグッと減ると、住まいの風通しがとてもよくなります。

作業中の机の上も、ものが乱雑に積み重なっているような状態は苦手。紙類は大きなお盆(李朝の盆を模して漆芸家に作っていただいたもの)にまとめています。口の広がった形が出し入れしやすくて便利。

片づけは「限定する」に限ります

本当にちょこちょことよく片づけをしています。

出かける前でも、30分、1時間の空きがあれば、「冷凍庫の1段だけ整理しよう」「この戸棚を30分だけ片づけよう」って、そんなふうに場所と時間を限定して片づけるのです。でないと大変。ここを片づけるために、あっちを片づけないと……なんて家じゅうをひっくり返して、一日じゅう片づけていることになる。

いつの間にかものが増えたせいでしょう、「きちっと入らなくなっているのが嫌だな」と毎日感じている調理台の下の戸棚。「30分の間にここをやろう」と決めたら、中のものをいったん全部外に出します。そして「使う」「使わない」「使うかどうかわからない」の3つに分類します。前項にも書いた「3分の1」片づけ法です。

どうしようかな……と判断に迷うものを、「使わない」に入れる。これがものを減らすコツ。ものが減れば戸棚は出し入れしやすくなります。それに片づけをすると、最近よく使うものを手前に出したりと、使い勝手を改善できるのもいいんです。

「なんだか使いにくい」を変えてみる

「なんだか使いにくい」と感じたら、どうして使いにくいのかを考えて、使いやすく改善する——。私はよくやることですが、案外、みんなは平気みたい。不思議です。

スタジオでとっておく紙袋は、（買い物をよくしますので）紀ノ国屋の同じ大きさの紙袋1つ分と決めています。この中に、折ってぺしゃんこにした紙袋を収めていますが……。向きがあっちこっちとバラバラだと、折り返した底の部分にほかの紙袋が入ってしまって、出すときにスムーズでない。とても出しにくいんです。

だから私は底を折り返したほうを内側にして、端から向きを揃えて入れていきます。一方向ではなく、逆側からも同様に、底を折り返したほうを内側にして入れていきます。そうすると真ん中の1ヵ所で、底を折り返した側が向き合い、そこから左右に分かれますよね。こうしておくと、左右どちら側の端からでも「底を内側にして入れる」だけのルールで紙袋が出し入れしやすく収まるのです。

でもこんなこと、誰も気にしないみたい。なのでもっぱら私の仕事なんです。

きちんとしておけば、見た目も美しいでしょう。

袋の向きが違って、どこかがひっかかったりしていれば、頭が揃わないのですぐにわかるわけです。

ご飯をおいしく炊く

ひとり暮らしなので、ご飯は毎日は炊きません。2合か3合をまとめて炊き、そのときに食べる分以外は冷凍します。温かいうちに1膳分をラップにのせてふっくらと包み、人肌に冷めてから冷凍庫へ。こうして米粒をつぶさないように包んで冷凍すると、炊きたてのようなふっくらご飯を味わえるのです。

白いご飯は、日本の食の大元です。かみしめるとほのかに甘いご飯をいかにおいしく食べるか——ということから、ご飯のまわりの日本のおかずが生まれていったのだと思います。今は食べ物が手近にある時代ですが、風土から生まれた農作物をいただいて、私たちの命が育《はぐく》まれてきたことを忘れたくないですね。「今日はおいしいご飯を炊こう」と少しあらたまった気持ちでご飯を炊くことも、私が必ずすることです。

ご飯はふたの密閉度の高い鍋であれば、どんな鍋でも炊くことができます。無水鍋でも土鍋でも、普通の鍋でも。私もそのときどきでいろいろな鍋を使います。

ちゃんと炊こう、という気分のときに、最近使っているのが鉄のご飯釜です。合羽《かっぱ》橋《ばし》の釜浅商店で出会ったお釜で、大きな木のふたのついた昔なつかしい羽釜《はがま》の形です。昔の羽釜はかまどで炊いたので、底が大きくて丸い鈴のようなフォルムですが、これはガス火で炊いて熱のあたりがいいように、底の部分を平たい円形にした現代版。鉄は熱すると高温になるため、釜の中でさかんに対流が起こり、それで米粒にふっくらと火が通って、甘みのあるおいしいご飯が炊けるのです。香りもばつぐん！

炊き方は、ほかの鍋で炊くときと基本的に変わりません。

3カップの米を洗い、ざるに上げて30分程度おく。

釜に米、水3カップ＋50㎖を入れ、ふたをして強火にかける。

10分くらいたつと吹いてくる。ふたと釜の間からおネバが出てきたら、釜中が沸騰している証拠。弱火に落として10分ほど炊く。最後にほんの数秒強火にして、火を止める。5分ほどむらしてから、すぐにおひつに移す。

炊きたてのご飯は湯気に包まれ、水分をたっぷり含んだ状態です。おひつに移すことで木が余分な水分を吸ってくれて、それでようやく「ご飯」が完成します。特に鉄釜は冷めると金けが出るので、必ずおひつに移します。さらしのふきんをふたにかませて。こうした昔ながらの道具とのおつきあいも含めてが「食事」なのだと思います。

このおネバが出てくると、おいしく炊けているな、って思う。
目で見えることは大切。便利な機械におまかせばかりでは、大事なことを忘れてしまいそうです。

一汁一菜――立ち戻りの食卓

グルメで、外でおいしいものばかり食べている人がいると、「体調を崩すのではないかしら」と心配になります。案の定、崩すみたいです。50代の体力のあるうちは、まだ自分でもわからないけれど、内臓をずっと働かせすぎているので、60代になるとガクッと来る、という話をしばしば聞きます。

誰が食べても「おいしい」と感じるよう、外食は味つけが濃いめだったり、コクを出すために油脂分が多く使われたりしています。外食ばかりでは体によくないのです。かと言って、「体にいい」っていうのも、私はあまり好きではない。この食品が健康にいいとか、これを食べちゃダメだとか、そういうことは「どうでもいいんじゃない？」と思ってしまう。

それよりも、自分の心身が「これが食べたい」と求めるものを、ちゃんと自分で作って食べる。それで健康でいられるのです。自分の心と体の声に敏感でいることです。外食が続いたり、食生活が乱れていたりすると、体の声も聞こえなくなってきますから、そういうときは基本の食事に立ち戻る。

日本人の基本の食事は、一汁一菜です。

ていねいに炊いたご飯と、汁物と、お漬け物。この組み合わせは、いつ食べてもホッとして、飽きることのない究極の献立です。

みそもお漬け物も発酵食品ですから、おいしいだけでなく食べれば胃腸などをととのえてくれます。中でもみそ汁には、体内の毒を排出してくれる強い力があるとか。みそもお漬け物も、自家製や昔ながらの製法で作られたものを選ぶことが前提です。

おみそ汁は煮干しのだしに限る——と、これは私の好みですね。頭と身の黒い部分（ワタ）を取り、一晩水に浸けた水だしの煮干しだしは、魚臭さがまったくなくて、ほのかに甘みを含んだ、澄んだ上品な味わい。煮干しを取り出して、沸かしたところへみそを溶き入れ、豆腐とねぎを加えて、煮えばなをお椀によそいます。

お盆や折敷《おしき》にのせると、一汁一菜はピタッと決まります。これだけでもいいですし、干物を焼いたり、常備菜の壺（27ページに写真あり）をいくつか出してくれれば、立派な一食のできあがり。体調をととのえ、感性を呼び覚ましてくれる「立ち戻りの食卓」を持っている私たち日本人は、幸福だとすら思えてきます。

おいしそう、と目で見て感じられれば、そのお料理はおいしいのです。
豆腐や青いねぎの口に入れたときの食感まで想像できるのが、〝和食の美〟だと思う。

火熾《おこ》しは楽し

火って、いろいろあって面白いんです。ガス火と電気しか使わないなんて、もったいないと思うくらいです。炭や薪で熾した火で、焼いたり煮たりした料理のおいしさは、それはもう、別格なのですよ。

ベトナムでは七輪が普通に煮炊きに使われていて、炭火で香ばしく焼いた肉を米麺にのせて食べるのが最高においしかった。ポルトガルの食堂では、モウモウと煙を上げて炭で焼かれたいわしを食べました。ふっくらと焼けたその味が忘れられず……。とうとう、いわしを焼くのにちょうどよい道具を、合羽橋で見つけて購入したのです。コンパクトな黒い炭火焼きのコンロです。

要するに七輪が長方形になったもので、卓上で使えるサイズ。いわしだけでなく、あじでもいかでもえびでも肉でも、じゃがいもでもきのこでも玉ねぎでも、何を焼いてもおいしいので、たびたび使う日常の道具になっています。

こういうものはしまい込むと使わなくなるので、ガーデンテーブルの上を黒いコンロの定位置にしました。種火を作るための火熾し器は有次製《ありつぐ》で、いつもコンロの脇に置いています。炭用のトング、頑丈な鍋敷き、粉振るいなどの道具もそばに常備。炭はクヌギと備長炭を私は使います（合成炭は使用しないほうがいいでしょう）。これも信州・戸隠の寝曲がり竹のかごに入れて、キッチンの窓際の棚を指定席に。炭を熾すたびに、道具をいちいち出してくるのでは億劫。だから見た目も使い心地も気に入る道具を揃えて、すぐ使えるようにしているのです。

火熾しにも正解はないのだと思います。あれこれ模索して、私は自分流の熾し方を会得しました。まず、火熾し器に、火のつきやすいクヌギの炭を入れて、ガス火にかけます。炭が充分に赤くなったらコンロの中に入れ、この上に備長炭をのせて火が移るのを待ちます。このとき、備長炭をときどき動かして、空気が通りやすく（すなわち燃えやすく）するのが、火熾しの醍醐味。これればかりは文字や言葉にできないのです。やってみて、体得するしかないです。だから面白い。

炭火焼きが食べたいということもあるけれど、火を熾したり、赤く燃えるきれいな炭火を見ることじたいがとても好き。それに、女だてらに火熾しが得意って、ちょっとかっこいいじゃないの……と思うのは私だけかしら。

クヌギの炭にガス火で火を点けることから、わが家の火熾しは始まります。
この火熾し器は左の写真のように、黒いコンロの隣に常備。

1時間あったら、お菓子を焼く

ある日、午前と午後にまたがる打ち合わせをうちでしていました。昼どきにみんなは食事に出たのですが、私はデリバリーを受けとらなければならず、ひとりで家に残りました。

お腹がすいていなかったので、昼食はパスすることに。そうしたら時間がぽっかり空いたので、「そうだ」と思い立って……。冷蔵庫から卵を出し、キッチンの傍らのミキサーに割り入れたら、スイッチオンであとは機械が泡立てをしてくれます（途中で砂糖を加え、しっかり泡立てます）。

人間の私は、ハンドミキサーで生クリームを泡立てます。それから小麦粉とベーキングパウダーを混ぜてざるに入れ、ふるいながら泡立てた卵に加えます。ここに生クリームもさっくり混ぜれば、生地の完成です。

バットにオーブンペーパーを敷き、生地を流し入れて、冷蔵庫にあったブルーベリーを散らします。ベランダから摘んできたローズマリーを上にのせます。

180℃のオーブンに入れて、25〜30分。簡単おやつのできあがりです。

ふるい代わりに使ったざるも、焼き型として使ったバットも、いつも料理に使っているものなんですよ。お菓子の道具をわざわざ出してきて、ケーキを焼こうとすると面倒ですが、キッチンにいつもある道具でチャチャッと作れば、こんなにラク。

焼き上がったケーキは、焼きたての熱いところにラップをかけておきます。こうすると、食べるときにしっとりするのです。

ピンポーン、とチャイムが鳴って、みんなが帰ってきました。午後の仕事の始まりです。先頭で家に入って来た方が「あ……」という顔をしたのは、甘い香りを嗅《か》ぎ取ったせいなのか、それともラップのかかったお菓子に気づいたのかな。

お茶と一緒にお菓子をお出しししたら、その人が言いました。

「もしかして、私たちがお昼に出ている間に、有元さんはこのケーキを焼いたのではないですか？　なんというはやわざ！　それになんて働きものなんでしょう」

はい、ご名答。1時間あればお菓子が焼けるんです。道具使いの工夫や、簡略化したレシピは、こんなふうに少しの時間でも〝豊かさ〟を生み出したくて考えたもの。時間と道具と自分をうまく使うレッスンを、私はときどき密かにやっているのです。

外出先での15分の過ごし方

自宅で雑誌の取材を受けていたときのこと。旧知の女性編集者が、プレーヤーのそばにあったCDのジャケットに目をとめて、驚いた表情で聞きました。

「このアーティストは誰ですか？」と。

「ああ、ネマニャ・ラドゥロヴィチね。素敵でしょう？　バイオリニストなんですよ」

ネマニャ・ラドゥロヴィチは、巻き毛のロングヘアの男性バイオリニスト。ラテン系の彫りの深い顔立ちにスリムな体型で、サングラスをかけたりしていて、とてもクラシックの人のイメージではない、ロックミュージシャンのようなルックスです。そして、演奏がとてもかっこいい！「聴いてみる？」なんて、CDをかけたりして……。

「ほんと、素敵ですねぇ。それにしても有元さんは忙しいのに、いったいどういうルートで、こういう音楽を知るんですか？」と聞かれてしまいました。

えーと、それはですね……。

銀座で待ち合わせのあるとき、早めに着いたら、4丁目の山野楽器へ行くのです。

15分しかないようなときでも行きます。そしてクラシックのCDコーナーで、ジャケットの写真やデザインだけでは中身がわかりませんので、私は必ず試聴します。よければ買います。この間が15分だったりするんです。

音楽（特にクラシック）が好きですので、未知の音楽家や演奏ともっと出会いたい気持ちはいつでもあります。だからといって、雑誌やウェブで情報を収集する時間はない。なのでせめて、こういう時間を活かして……と心が求めるんですね。

外でのちょっとの空き時間、みなさんはどうしているのでしょうか。

自由が丘なら、以前はマリ・クレール通りのビルの地下にヤマハがあったので、そこでよく楽譜を見ていました。青山なら、根津美術館へ行きます。20分とか、お茶を飲むには中途半端な時間だと、そこいらへんをぶらぶら歩くのも嫌ですし、何も見なくても館内に座っているだけでも居心地がいいのです。

そう言えば日本でひとりでカフェに入ることは、まずありません。お茶がまずいと腹が立ってくるし、混んでいてうるさいのも嫌ですし、店員さんの態度が悪いとそれで不愉快になったりもするし。だったら、ひとりで静かな場所に座っていたり、好きな音楽を探しているほうがいい。たった15分でも、時間の使い方には差が出ます。

街路樹を見て、考える

自然が好きなので、街を車で走っていても、つい街路樹に目がいきます。東京には残念ながらあまりよい街路樹がないのですが、通るたびに「ここはなかなかいいですね」と感心する場所があります。環状7号線沿いで、交差する目黒通りから中原街道までの間の、大森方向から走っていくと左側。左側だけ。右側はダメなんです。なぜよいのか考察するに……歩道がかなり広い。普通の2倍か3倍くらいあるんじゃないかしら。そこに大きなケヤキがのびのびと茂り、緑の深い塀になっている。ここだけ緑に守られて、歩行者や自転車に乗る人が幸せそうに見えるなぁ、と。

東京の街路樹が美しくないのは、歩道が狭くて、家などの建物にぶつからないように1本1本短く剪定《せんてい》されているから。だから木の先のほうが瘤《こぶ》みたいになり、たまに瘤から細い枝が出たりしていて、かわいそう。「ほんとに都市計画が間違っているよね。直すとしたら、どうやって直せばいいかしら」と車を運転しながらずっと考えています。アイデアはあるんですけれど……誰か叶えてくれないでしょうか。

ここは世田谷区にある五島美術館前の街路樹。
ここもケヤキがのびのびとしていて、歩くたびに気持ちのよい場所のひとつです。

不便を味わいにいく

私にとって、東京は仕事をするところです。

東京はとても便利。物事がなんでもスムーズですし、欲しいものがすぐ手に入るし、清潔だし、世界中探してもこれ以上、便利な街はないと思います。でも、ずっと東京にいると息苦しくなってくる。それで、手帳を見て2~3日の余裕があると、すぐに車を走らせて、信州・野尻湖の山の家へ飛んでいきます。

自然に囲まれにいくのです。山の家は本当に山の中にあって、斜面に建っているので、傾斜側の壁一面をガラス張りにしてあります。そこにはカーテンもブラインドもつけていません。だから家の中にいても樹木が目前に迫り、まるで森の中にいるよう。木々の向こう側には、妙高山《みょうこうさん》や黒姫山の美しい姿もくっきりと見えます。

もちろん一歩外に出れば、自然しかないわけで……。誰もいない静かな山の中を歩き、かすかな鳥の声に耳を澄ましたり、清らかな小川の水に触れて、その冷たさを味わったり、枯れ草の美しさにハッとして、摘み取って帰ったり。そういうことをしていると、体じゅうの細胞が喜んでいるのを感じます。五感も冴えてくるようです。

山の暮らしは不便です。不便を味わいにいく――と言うとヘンですが、そんなところも少しあります。豪雪地ですので、冬はそれこそ大変。家の前を雪掻《か》きしてからでないと中に入れなかったり。家に入れても、雪のせいでボイラーがダメになる経験を何度もしていますから、電気がちゃんと点くか、お湯は出るか……心配事だらけ。

それに、それほど大きな家ではありませんから、必要最低限のものしか置いていないのです。調理道具にしても、ボウルは大中小の3つしかないような。それなのに人を招いて食事会を開いたりするのだから、知恵を絞るわけです。鍋の中にボウルとざるを重ねて入れて、蒸し器として使ったり。ものがないからこそ、新しい発見があり、アイデアが浮かんできます。

私たちは年齢を重ねるほどに、同じことしかしなくなります。億劫がったり、ラクをしたがります。便利で快適な環境の中にどっぷり浸かっていれば、ラクだけれど、でもそれだと頭も体も固まってしまうと思う。五感も衰えるのではないでしょうか。

だから私はときどき、自分のいる環境をガラッと切り替えるのです。山へ行きたくなるのは、そのせいです。固まりたくないと、本能が訴えかけてくるのでしょうね。

ときどき必ず、「自分の居場所を変える」

ずっと同じ環境で暮らし、同じようなことをして、同じ人とばかり会話をして……。誰もがそんな毎日を続けているわけですが、ちょっと息が詰まってきませんか。自分が固まってしまう感じがするので、私はときどき必ず、信州の山の家やイタリアの家へ行き、自分の〝居場所〟を変えます。

環境をガラリッと変えるには、旅もいいです。

それも、ひとり旅がだんぜんおすすめです。ひとり旅をすると、楽しいことと同じくらい、困り事が押し寄せてきます。飛行機に乗るのに「名前がありません」なんて言われたりすることもしょっちゅう。言葉も通じないし、頼れる人もいないから、どんなアクシデントにも自分で立ち向かい、自分でどうするか決めなければならない。

それがいいんです。第1章に「責任をとる」ことについて書きましたが、ひとり旅は、自分で決めて、自分で責任をとることの連続です。生きる力がつくし、頭の中が固まる暇がない。私はひとり旅をすることで、人として自立できたと感じるほどです。

ヨーロッパの数ヵ国を2週間、旅することになったとき、機内持ち込みのできる小さなスーツケースひとつですませました。乗り換えが増えれば、ロストバゲッジの心配も増えるので。旅の荷物はできるだけコンパクトを心がけます。ちなみにこのスーツケースは縦24㎝×横33㎝×高さ50㎝。

ひとり旅のすすめ

初めてひとり旅をしたのは、子どもたちが大きくなり、ようやく家を空けられるようになった頃でした。最初はフランスへ。パリへ行って、それからモネの家のあるジヴェルニーへ、どうしても行きたかったので電車に乗って行きました。

一度行くと、もちろん大変さもありますが、楽しくて面白いので、ひとり旅が癖になって。イタリアへ行くようになり、中部の小さな村を訪れて「ここに住む！」と心に決めたときも、ひとりの旅の途中でした。

ひとり旅は孤独？　いいえ、孤独とは真逆です。

ひとり旅がいいのは、新しい友だちができるからです。

仲のいい友だちとふたりで旅をすれば、どんな国へ行っても、ふたりだけの世界から出ないでしょう。それが3人になれば、さらにそのグループの中でしか会話をしなくなります。それじゃ、つまらない。せっかく異国の、見知らぬ土地へ来ているのだから、日本の日常の狭い世界からポンッと飛び出したいではないですか。

ひとりでごはんを食べにいくと、お給仕をしてくれる人に私はいろいろと聞きます。「こういうものが食べたいのだけれど、明日はどこへ行ったらいいかしら」と。すると、あっちへ行け、こっちへ行け、とたいてい親切（というよりも熱心）に教えてくれます。中には、自分で☆をつけた〝おいしい店ノート〟を持ってきて、見せてくれた人もいました（北イタリアのバールのお兄ちゃん！）。と、そういう面白いことがたくさんあるわけですね、ひとりで旅をしていると。

布が好きですので、イタリアでは田舎町のリネン屋さんへ行きます。古いものが残っていそうな店に目星をつけて入っていくんです。そして店のおばさんに「レースのパターンを集めた、古いノートがあったら見たいんだけれど」と一言言っただけで、そこからもう、話が止まらない。お店をやっているくらいだから、彼女も古いリネンが好きな同好の士なわけで、3時間、4時間、延々と話すことになります。「この織り方をしているところへ、今度一緒に行こう」とか、「村のお祭りがあるから来なさい。うちに泊まりなさい」とか言われて、すっかり仲良しになってしまう。

これが、ひとり旅の面白さ。つまり、自分の立っている地面がぐんと広がる。自分の生きている時間がぐんと濃くなる。それはとても開放的な気分です。

旅は身軽がいいので、コンパクトにたためるTシャツにパンツというスタイルが多いです。
ロンドン滞在中に料理本が賞を獲り、パリでの授賞式に出ることになって。
いつもの服に、急遽、買い求めたアクセサリーをつけて急場をしのいだことも。

収集癖はないのですが、リネンだけは別。

イタリアのリネン屋さんを廻って1枚ずつ集めている古いリネンは、ときどき出して眺めています。

第3章

続けていること

髪を染めるのをやめました

もう1年くらいたつかしら、髪を染めるのをやめたんです。長年、カラーをしてパーマをかけていましたが、切れ毛が気になったのをきっかけにパッタリやめました。

ずっと染めていると、もはや自分の髪の色がどうなっているのかわからないでしょう。それで色を入れないことを続けてみたのが今の状態。白髪染めをすると、伸びてきたときに生え際の白いところが目立って嫌だけれど、染めないことを続けた髪は、全体に明るい栗色の自然な色です。初めから染めなければよかったとさえ思います。

切るのも自分で。まとめてキュッと上げたときに落ちてこない長さなので、肩につくかつかないかぐらい。「この辺が伸びてきた」と思ったら、カット用のぎざぎざバサミで、髪をつまんでパチッと切って、それでおしまい。あちこちをしょっちゅう切っているので、いわゆるシャギーの入った状態に勝手になっている。

それで、朝にちょっとカーラーを巻いて、くしゅっとまとめてバレッタでとめれば、ごらんのようなスタイルです。ものすごくラクになりました。

ジム通い、復活

台所仕事は、立ったり座ったり、重たい鍋やたくさん重ねたお皿を運んだり。一日じゅう体を動かしていて、「まるでジムみたい」です。だけど、それだけではやっぱり偏りがあって、たとえば〝体を反らす〟という動きは、まずやらないです。

何か運動をしなければ――という気持ちが、昔からずっとありました。ピラティスをやったり、歩いてみたりしたこともあって、そのときどきでいろいろやってはみるのですが、どうも何かを続けるには至らず……。

ジム通いもそうです。何年も前に入会したものの、まったく行かない状態でした。運動じたいは、別に嫌いでも好きでもないんです。それほど興味がないというか。ほかにやりたいこと、やらなくちゃいけないことがたくさんありますので、どうもジムに行くことを優先できないという感じ。「もう、会費を払うのをやめようかな」と何度も思ったのだけれど、「でも、これでやめたら一生ジムには行かないな」とお金を払い続けて……ということをずるずると10年も続けていたわけです。

これではいけない、と一大奮起したのは1年ほど前です。今がラストチャンスかもしれないと思ったんですね。体が硬くなって、いよいよ動かなくなってからジムへ行ってもダメでしょう？　だったら、行き始めるには今が最後のチャンス、と。

ジムに通いやすい環境を作るために、ウエアなどの一式をいつも車の中に入れておくようにしました。そして夕方にスタジオなどで仕事を終えると、その足でジムへ、週に3回くらい通うようになりました。

疲れていて行きたくないときもあります。でも、とりあえず行っちゃう。行けば、何もしないわけにはいかないから、30分でも体を動かすことになるんです。私の場合は有酸素運動や筋トレ、ストレッチです。

ジムに行った日は心身がリフレッシュされて、やっぱり気持ちがいいし、「行ってよかった」と心の底から思います。だけどあいかわらず、行かない理由はいくらでも思いついて、サボることもしばしば。自分との小さな闘いです。それでも、週に3回くらいは今のところ続いています。

ジムでは、以前から興味のあるヨガも始めました。これはすごく面白い！　ヨガを始めたから、今回のジム通いが続いているところもあるくらいです。

ヨガは片づけと同じ

ヨガの先生がレッスンの合間に、ふと、おっしゃった一言があって。「自分の体をやさしく扱いなさい」と言うのです。これを聞いたとき、私はすごくびっくりしました。そんなこと、今までしたことも、考えたこともなかった。「えっ、そういうことをしていいの⁉」と目からうろこが落ちるようでした。

ヨガは〝考え方〟がすごく面白い。たとえば首を回すと、どこかにひっかかりがあって、痛かったりしますよね。そこを「呼吸でほぐしなさい」と言われます。「詰まっている部分に深い呼吸を送るようにして、ほぐしなさい」って。

こう聞くと、「なるほどね」と思うわけです。「片づけと同じなのね」と。洋服の引き出しでも戸棚の中でも、なにしろものが詰まっているのが私は嫌で、本当に必要なものだけにしてスッキリさせたいんです。それって、体の中の詰まりを深呼吸でほぐそうとするヨガと同じ。「片づけは深呼吸なんだ」って、そう思いました。

こういう発見がたくさんあるので、ヨガは本当に興味深くかなりはまっています。

ヨガの簡単なポーズを家でやることも。気が向いたときにすぐにできるように、リビングの隅っこにヨガマットを置いています。ガラスのフラワーベースがマット入れにちょうどよかった。

1ヵ月間、毎日着物を着ました

人生はまったく何が起こるかわかりません。あるとき、1ヵ月後にひとりで着物を着なければならない、ということになりました。

京都で表千家の入門式があって、現地で早朝に着付けをしなければならず。もちろん着付けの方にお願いすることもできるけれど、朝から人と顔を合わせるのも嫌だな、と。「それなら、ひとりで着物を着たほうがラクなんじゃないかな。やってみよう」という気持ちになったのです。これって、私の性格みたいです。どんなことでも「自分ひとりでなんとかできるでしょ」とまずは思ってしまうんですね。

着付けは一度だけ教えてもらったことがあります。でも一度だけです。一度習っただけでは着物は着られません。しかも1ヵ月後の当日のために、あらためて習うような時間の余裕もありませんでした。

それで、DVDを見ながら個人練習をすることにしたのです。「1ヵ月間、とりあえず毎日着よう」と心に決めました。慣れることが大事ですから、「1ヵ月間毎日着続ければ、さすがになんとかなるんじゃないかしら、と思ったわけです。

毎日、毎日、本当に毎日、着物を着ました。

朝、仕事に出かける前や、夜、仕事から帰ってきてから、とりあえず日に一度は着物に腕を通すのです。そして名古屋帯をお太鼓に仕上げると、すぐに脱いで、洋服に着替える……。お恥ずかしい話ですが、時間が足りなくて、それこそ脱ぎっぱなしの散らかしっぱなしで、急いで外出するようなこともありました。

着て脱ぐだけでも、着付けは慣れないとものすごく時間がかかります。初めは2時間ぐらいかかりました。2時間も着物と格闘するのは大変です。長衣の着物は重たいですし、下にもあれこれ着込まなくてはならないし、ひもであっちこち結んだりしているうちに衿《えり》が崩れてきたりとか、泣きたくなってきます。ヘトヘトになって、「やめようかな」と諦めかけたことも。でも、「1ヵ月間続ければ、絶対に着られるようになるはず」と自分を励まして、なんとかこつこつと続けたのです。

最終的には1時間で着られるようになり、入門式にも自分で着ていきました。和装の機会は少ないので、それから上達しているとは言いがたいけれど……1ヵ月間頑張ったんだから、まぁ、良しとしましょうか。

私の母はいつも着物姿で家事をしている人でしたが、私自身は着物とのおつきあいが始まったばかり。まだまだ自分で納得のいくように着られていませんので、とても公の場に和服で、という感じではありません。

和装は何を選んだらよいかもわからない状態なので、ここなら、と信頼のおけるお店で草履まで揃えています。

習い事にゴールはありません

「教えてもらう」ことが好きです。ヨガにしろ、お友だちに誘われて始めた茶道にしろ、先生がみなさん自分より若くて、若くても、ひとつのことに精進されてきたのが素晴らしいな、と思う。若い方に教えてもらう、ということがいいのです。

茶道では、自分が直接お手前を習っていない時間もあります。そういうときも、ひとつの空間に先生と一緒にいるだけで、空気がキリッとして、それが気持ちいい。

お茶は本当に奥が深いです。家でＤＶＤを見ていたら、表千家の師（確か久田宗匠だったと思うのですが）が、「覚えるということは、忘れるということです」とおっしゃっていて、ハッとしました。そうか、覚えようとしているうちは身につかない、ということなんだ。でもそれなら、どうしたらいいの？……と思いますよね。

きっと、習い事にゴールはないのでしょう。１年後にどうなっているかではなく、「今」なんだと思う。今、自分が何を感じて、何をしているか……。その一瞬に集中して、そこに快感や喜びが生まれてくるのが、習い事のような気がします。

お軸を見るときに、扇子を自分の膝の前に置くことで、仕切り(結界)の意味になったり。
懐紙がお菓子をいただいたり、口を拭くだけでなく、お稽古の月謝袋にもなったり。
道具のひとつひとつが合理的で、そういうことを知るだけでも茶道は面白いです。

「ひとり遊び」の楽しみ

姉が私をピアニストにしたかったらしくて、ピアノは小学生の頃に習わされたのがきっかけです。「やらされている」時期は嫌で嫌で、金輪際、ピアノなんて……という感じででしたが、そのうちに弾くのがだんだん楽しくなって。気がついてみれば、辛いときもうれしいときも、いつも自分のすぐ傍らにあるのがピアノなのでした。

先生には今もついていますが、レッスンを受けるタイミングがなかなか合わず、最近はもっぱら自分で練習しています。ピアノは野尻湖の山の家に置いていますので、昼でも夜中でも、誰に気がねすることもなく弾く時間はとっても楽しい。

こういう「ひとり遊び」って、すごく大切だと思うのです。ランニングでも、山登りでも、お菓子を作ることでも、家の片づけでも何でもいいのですが、ひとりで楽しむ時間を持っていると、大勢でいることも心の底から楽しめます。人に合わせるのではなく、ひとりひとりが「自分の楽しみ」を持っていて、一緒の時間を過ごすのが素敵。そのためにはいくつになっても「ひとり遊び」をすること。私のオススメです。

More Romantic Pieces
for Piano

使い続けたい道具、スロークッカー

スロークッカーはいい道具です。材料を放り込んでスイッチを入れさえすれば、数時間後には煮込み料理ができている。とても便利な電気式のお鍋です。私がこれを買ったのは30年以上前。あるファッション誌の編集部で、フリーランスの編集者として働いていたときのことです。編集者は一度外に出れば、何時に帰れるかわからない職業。それで子どもたちだけで食事ができるように、放っておいてもシチューやカレーができて煮こぼれの心配もない、スロークッカーに目をつけたというわけです。

その後、電子レンジが台頭したせいか、スロークッカーは巷で見かけなくなりました。私自身も長年しまいこんでいました。でも、捨てはしなかった。陶器製の内鍋に、ガラスのふた……どこか愛着のわく道具だったからです。

思い出して、数年前から再び使うようになり、あらためて良さを実感しています。ひとり暮らしにとっても便利。出かける前に冷蔵庫の残り野菜などを入れて、水を注いでスイッチを入れておけば、帰宅時には温かいスープができているのですから。

見た目も愛らしいでしょう？低い温度で長時間煮込むように設定されている鍋です。強・弱のスイッチだけがついている、極めてシンプルな道具。世の中のニーズが〝スロー〟に傾いているのでしょう、また市販もされているようです（しかも安価です）。

野菜やベーコンなどを入れ、かぶる程度の水を加えて。ふたをしてスイッチを入れて8〜12時間煮込むだけ。できあがりに好みの味をつけていただきます。

本当に欲しいものを作りたい

キッチン道具を作る仕事を長年続けています。すごくラッキーだったのかな、と思うのは、メーカーからの依頼が「売れるものを作ってほしい」ではなかったこと。何が売れるのかわからないし、そこには興味がありません。幸い「どんな道具が欲しいですか」と問いかけられたので、それならば、いくらでも頭に浮かんできたのです。

13年前、最初に作ったのはボウルでした。ボウルの使いにくさなんて、普通はあまり気にしないのでしょうね。ところが私には不満だらけでした。「ここに汚れがたまるのに、どうして、どのボウルも縁がクルッと丸まっているの?」「毎日使うものをなぜペコペコの安っぽい素材で作るんだろう」……。世の中にちゃんとした道具がないのは、台所仕事が軽んじられているからだ、という気持ちにまでなってきます。

メーカーや職人さんたちと道具作りを始めてみて、わかったことがたくさんあります。たとえばボウルは、コストを下げるために薄いステンレスを使うから、端をくるくるっと巻き込む処理をしなければならない、とか。「いい道具がない」のにも、ちゃんと理由があったわけです。

「こういうものが欲しい」「こうだったらいいな」と使い手側からの意見を伝えて、ボウルを作っていただき、それを使ってみて問題点を挙げて、また数ヵ月後に試作のボウルができて、使って意見を言って、また試作を作って……ということを繰り返して、納得のいくボウルひとつが完成するまでに3年かかりました。ざる、バット、水きりかご、包丁……。イタリア語で〝基本〟を意味する「ラバーゼ」と名づけた道具のシリーズは、どの製品も2〜3年かけて、ようやく完成するものばかりです。

それにしても、よくも私の要望に応えてくれるものです。使いやすさを追求するあまり、無理難題を言っているみたいなのに。それに応えてくれる、日本の技術者や生産者たちは素晴らしい。技術の高さも、妥協を許さない精神の気高さも、本当に天下一品です。ラバーゼは新潟・燕《つばめ》市の小さなメーカーや職人さんたちと一緒に作っています。日本の地方は人口も産業も減って疲弊するばかり。北陸もそうです。せめて燕市から、世界に通用するキッチン道具作りが広まって、買い手や売り手ばかりでなく、職人や技術者たち生産者も、みんなで豊かになれますように。微力ながら、そんな望みもあって、私はこの仕事にやりがいを感じています。

究極のパウダー缶になるまで

パウダー缶というのは、最初はパッとスムーズに粉が出ます。でも二度目はトントンとやらないと出てくれません。「どうして？」と思うわけです。それで「二度目も三度目も、パッと出るパウダー缶を作ってください」とメーカーにお願いしました。

どうしたら改善できるか、みんなで「科学する」ところから道具作りは始まります。粉がスムーズに出ないのは穴に詰まるからで、上部の網の構造に問題がある。網をドーム状にすれば詰まらないけれど、それをするには大変な技術が必要。でも、なんとかやり遂げよう。それから網と本体とのつなぎ目の処理が汚いと、その部分に粉がたまって洗うときに苦労するので、とにかく細部まできれいに仕上げましょう――。

小さな道具のために、もの作りのプロたちの経験、知識、切磋琢磨《せっさたくま》が総動員され、3年後にストレスのないパウダー缶ができました。完成しても、それで終わりにしないのが私たちのやり方。みなさんの気づかないようなレベルの改良が続いています。

こんなふうに、人が持てる力を出しきって、ものを作る〝現場〟に私はぞっこんです。

これが自信作のラバーゼのパウダー缶。女性の手でも握りやすいサイズに作られています。

「粉をふるう道具が3000円もして売れるのか?」と実はメーカーも思っていたようです。

ところが売れているんです。やっぱり、みんな、〝ちゃんとした道具〟が欲しかったのよね。

「茨《いばら》の道」も悪くない

いつも思っていることですが、ラバーゼの道具作りを通して、あらためて感じました。人は困難を乗り越えなければ、その先へ行けないのだ、と。

「こういうものが欲しい」と私が言うものは、作るのがとても困難だから、世の中に存在しなかったりするわけです。それでも「やってみましょう」と言って、今までなら3回ですませていたところを、50回、100回検討するような努力をした結果、道具が完成する。「やろう」という強い意志があれば、困難に思えたことも、たいていは成し遂げることができる。そう、肌身で感じています。

これは、もの作りに限らず、生きること全般に通じる話です。

人は生きていれば、次々に困難が襲ってきます。ハードな仕事に立ち向かう困難、人間関係の困難、自然環境の困難もあれば、経済的な困難もあるでしょう。

一般には、夢のようなバラ色のハッピーな生活があって、そこをめざすみたいなイメージがありますが……少なくとも私は、そんなものはないと考えています。仮に

〝バラ色の生活〟があったとしても、安全で豊かで、何の不満もないような場所に定住していれば、頭の中が固まってしまう。それって本当にハッピーなのかしら。

生きている以上、常に茨の道だと思います。困難が押し寄せてくるのは当たり前で、「苦しい状況が来た」ということは、それを乗り越えろということ。乗り越えたときには人として、ひとまわり大きくなれているのだから、困難が来たら、ありがたく思って受けて立つほうがいい――。そういう気持ちで、私はこれまで生きてきました。

考えてもみてください。かつての私なんて、最悪と言ってしまえば最悪です。食べ盛りの子どもを3人抱えて、いわゆるシングルマザーになって「明日からどうするの?」という状況だったのですから。それだけではなく、いつの時代にも困難はたくさんありました。今もそうです。

辛い状況に直面したとき、そこから逃げずに困難を乗り越えてきた人と、ラクに生きてきた人とでは、50代、60代、70代になったときにグッと差が出ます。苦労が顔に出る? いいえ、逆です。困難を乗り越えるために、頭や心の中をかき混ぜて生きてきた人は、やさしさや思慮深さが自然と身について、中年以降になんともいえない魅力を持つことができる。たくさんの素敵な人を見てきて、そう確信しています。

イタリア暮らしでわかったこと

未知のことが好きです。何かの真似をして作ったものや、誰かの真似をしたライフスタイルを良しとする人もいるようですが、私は嫌です。人と違うことをして、未知なるものを見なければ、「生きていても楽しくないじゃない？」って思う。

18年前にイタリア中部に家を構えたのも、まったく未知のことでした。ひとり旅の途中で「ここに住む！」と心に決めてから、1年くらい家探しをしました。イタリアの家なんて、なかなか入る機会がないですから、すごく面白い経験でした。理想の住まいを求めて、何度となくイタリアへ渡る私は「そんなにイタリアへばかり、いったい何をしに行っているの？」と娘たちに不思議がられていたようです。ようやく家が決まり、「家を買ってきた」と告げたときのみんなの驚いた顔！　あれも面白かった。

うちは14世紀に建てられた修道院の一部だったという建物で、住めるように改築するのに1年ほどかかりました。家という箱ができてからも、電気、ガス、水道……日本とは勝手が違うわけで、暮らせるようにするために、すべて、いちから自分で手配しなければなりません。辞書を片手に……最初は単語ですよね、単語の羅列でなんとか言いたいことを伝えて、隣近所の人に教えてもらったりして。そうして、なんとか生活をスタートさせたのです。

不安はいつもつきまといます。うちは空港から車で3時間近くかかり、着くのはいつも夜中です。数ヵ月ぶりに行くときは、家がどんな状態になっているかわからない。家に入って電気を点けてみて、「あ、電気が点いた。よかった」という感じ。それを見届けるまで運転手さんがいてくれて、「点いたね、じゃあ、帰るよ」と。電気が点かなければ彼に頼んで、どこかホテルを探さなければいけないわけです。もっとも今は、親しくなったお隣の家の方々が住まいのメンテナンスでも掃除でも買い物でも、頼んでおくと(鍵を預けてありますので)不在中になんでもしておいてくれます。

と、こんなイタリア暮らしも、今にして思えば、別に大したことではなかったのです。日本の女性の感覚では「大したこと」かもしれませんが、イタリアでまわりを見廻してみると、とても多いんです、私と同じ外国人が暮らしている家が。私にとっては未知のこと、日本人にとっては珍しいことでも、世界という視点で見れば大したことではない。そう知って、ますます、自由を手にした感覚があります。

語学は目的より手段がいい

イタリアに家を持ってからの6年くらいは、1年のうち3ヵ月はイタリアに滞在すると決めて、その間は日本に帰りませんでした。地元の語学学校に通っていたのです。午前中だけですが、月曜から金曜まで毎日。小さな学校に世界中の人が集まり、来る日も来る日も「私、あなた、彼、私たち、あなたたち、彼ら……」と先生が黒板に書くことをひたすらノートに書き写す。宿題も山ほど出て、楽しい学生生活でした。

でも学校で学ぶよりも、やはり実生活の中で必要に迫られて慣れていったのです。常に辞書を持って「これこれ」と伝えることを続けて。お肉屋さんへ行くと、ほかの人が喋っているのを聞いて〝そうか、こういうふうに注文すればいいんだ〟と学んで。私感ですが、語学は語学を目的にしないほうがいいようです。暮らすことでも、美術や建築や料理を学ぶことでも何でもいいと思うのですが、何かをする手段として言葉を覚えるほうが上達が早い。その国に知りたいことがなければ、聞きたいことも喋りたいこともないわけで……。まずは興味や関心ありき、なのです。

付箋のついた本は「LE RICETTE REGIONALI ITALIANE」、イタリアの地方料理のレシピ。向こうで料理をする人は必ず持っている本です。切る、温める、裂く、裏返すなどなど、料理書には日常生活のほとんどの動作が出てきますから、イタリア語の勉強にもとてもよいのです。

第4章

毎年すること

季節を味わう瓶もの作り

東京の家にもベランダにいつも植物がありますし、車で走っていても目につくのは街路樹。スケジュールのすき間があれば、しょっちゅう野尻湖の山の家へ飛んでいき……。まったくもって、私は自然がなければ生きていけないのです。

一番身近な自然は、野菜や果物です。台所で旬の農産物と向き合うことも、自然と触れ合うとっておきの時間。特に、季節の野菜や果物の瓶もの作りは楽しくて、毎年恒例の仕事になっています。

毎年、初夏には青梅のシロップ漬けを作ります。若くてできるだけ固い青梅が出まわるときだけのお楽しみですので、店先や道の駅などで見かけると、喜びいさんで買ってくるのです。

どんなものもそうですが、新鮮な材料を手に入れたら、すぐに調理をするのがおいしく作る秘訣です。以前、わがスタッフと一緒に梅干し用のしそを買ったときに、私はその日のうちに処理をしたのですが、スタッフたちは数日置いてから仕事をしました。するとその色の違いは歴然でした。それ以来、みな即日処理をするように。

青梅のシロップ漬けを作るのはいたって簡単。青梅をたたき割って（私は厚みのあるラバーゼのまな板の上に置き、もう1枚のまな板で梅を1粒ずつたたき割ります。これが一番簡単で安全な割り方です）、清潔なガラス瓶に入れ、メープルシロップやはちみつを加えて冷蔵庫に入れておきます。ときどき上下を振って、10日ほどたつと梅のエキスが出てきますので、そうなったら氷水や炭酸で割っていただきます。

なんともいえない爽やかな香りと酸味で、夏のはじまりを感じさせる蒸し暑い時期に、この青梅の飲み物をお出しすると、みなさんが感激してくださいます。作り方を教えると、ご自分でも恒例の瓶もの作りにされる方が多いようです。

初夏は瓶もの作りの季節。梅干しは私は2kgしか漬けませんが、梅干しを漬けるとたくさんとれる赤梅酢がとても重宝です。赤梅酢は瓶に入れて冷暗所で長く保存が利き、数年たったものは味がこなれてマイルドに。みょうがや谷中《やなか》しょうがをサッと熱湯にくぐらせて赤梅酢に漬けると、色が真っ赤に染まってきれいです。料理のあしらいに役立ちます。冷蔵庫で1年くらい保存できるのも魅力です。

冷蔵庫にある瓶ものを出して並べてみました。
梅干しは去年漬けたもの。赤梅酢で漬けたみょうが、谷中しょうがは焼き魚に添えたり、お弁当に入れたりと大活躍。

青梅のシロップ漬けは、たたき割った青梅に、メープルシロップやはちみつなどの甘みを同量程度(青梅が700gなら、甘みを700〜800㎖)加えて作ります。梅から出るエキスがシロップと混ざり合って、おいしい飲み物に。グラスには青梅も入れて。私はこの梅をかじるのも好きです。

娘と始めた海外の〝手作り〟見本市

毎年2月には、ドイツ・フランクフルトの国際見本市へ行きます。日本の高い美意識と優れた技術の結晶であるラバーゼを、世界中の人に見ていただきたくて。この見本市に出る前は、ロンドンの小さな見本市に娘とふたりで出展していました。

6、7年前になるでしょうか、初めてロンドンの見本市に出そうという話になったときは、本当にふたりだけで全部やったんです。自分たちで場所を借りる申し込みをして、トラックをチャーターし、うちにあったエレクターを積み込んで、私と娘は荷物と一緒にトラックで会場入り。ふたりでガラガラと運んで、与えられたスペースに商品を見栄えよく並べて……。本当に手作りの見本市です。

その後、フランクフルトの見本市に出展できるようになったのですが……。ご存じでしょうか、フランクフルトの国際見本市「アンビエンテ」を。1週間かけてもすべてを見きれないような、世界最大の見本市です。世界中からバイヤーが集まってきて、それは大変な賑わい。もちろん商品も世界中から集まってくるので、展示スペースをとるのもラクではありません。そのアンビエンテに3年前から、新潟県・燕のメーカーの方々と参加できるようになりました。

面白いですよ、海外の人たちの反応を見るのは。ざるなんかを「すごくきれいですね」って、まずは見た目に惹かれるようです。それから「どうやって使うの？」と聞いてくる。ざるをどうやって使うのか？　なんていう質問は日本ではありえませんよね。でも、確かに海外では（どんな先進国でも）、ラバーゼのようなざるは見かけない。そこまで繊細な神経で台所仕事をするのは日本人独特のもの。これは誇れます！「包丁の刃のあたりがやさしいまな板です」「ボウルの縁に汚れがたまらず、液体のキレもいいんですよ」と説明すると、「そこまで気を使って、日本人は料理するのですね」と感心される。見本市では文化の違いがとてもよくわかります。

2年目、3年目と出展するうちに、ドイツのセレクトショップなどにも置かれるようになり、ヨーロッパでもラバーゼが注目されつつあります。私や娘が面白がって海外での見本市を続けたことから、アンビエンテ出展につながり、今年は展示スペースもかなり良い場所に昇格です。だから言うのです。「結果」よりも、まず「やる」か「やらない」か。結果はあとからついてきます。

2週間の旅も小さなトランクひとつです

年に何回となく旅に出ます。ずっと都会にいて仕事ばかりしていると、自分が固まってしまうような気がして無性にどこかへ行きたくなる。そんなとき、私は先に飛行機のチケットを取ってしまうんです。チケットさえ買ってしまえば、もう行くしかないですから。休暇を取りたくてもなかなか取れない人に、この方法、おすすめです。

旅は身軽が一番。気ままなひとり旅ならなおさらです。

私は機内持ち込みのできる小さなトランク（79ページに写真あり）で、2週間くらいならヨーロッパへでもどこへでも出かけていきます。トランクはそんなにいいものを持つ必要がないというのが、長年旅をしてきての結論です。だって飛行場で見ていると、高いところから平気でボーンと落とされたり、ものすごい扱いを受けるんですよ。一年に1個取り替えなければ、というくらいの気持ちです。

荷物はたいていトランクの片側に納まってしまいます。ジッパー付きの大小の布袋で荷物を分類して、トランクの片側に平らになるように袋を重ねて詰めていきます。

服は2週間程度の旅なら、Tシャツやブラウスを4～5枚と、細身のパンツを2～3着。ジャケットを持っていく場合は、ひっくり返して裏を表にして、肩のところをきちっと合わせてたたみ、トランクの一番底に入れます。その上に袋に小分けした荷物をのせていくと動かないので、ジャケットがシワになりにくいのです。冬場は同じ方法で、小さくたためて暖かいコートも1枚持っていきます。

靴は毎日同じものを履いていると足が疲れますので、スニーカーやサンダルみたいなものから、冬は小さく丸められるブーツまで3～4足持っていきます。

化粧品は小さな保存袋に入る分だけ。あとは電動歯ブラシと変換プラグと、小型タブレットと本を数冊。そんなものじゃないかしら。

カメラは持っていかないです。ガイドブックのようなものも。ちなみに、おみやげは一切買わないことにしているし、旅先では基本的に買い物をあまりしないので、帰りも荷物が増えることはありません。

そうそう、2週間の旅だと爪が伸びるでしょう。爪切りバサミをバッグにうっかり入れていて、没収されたことがありますので、そこは考えて。マニキュアのセットを持っていくのです。マニキュアをしている爪だったら、多少長くてもよいので。

寄り道こそ旅の醍醐味

5月は気候もいいですし、旅行をしたくなる気分でしょう？　イタリアもまだ暑くなくて過ごしやすい季節なので、毎年、まわりの人たちを誘って出かけています。おいしいものは、みんなで食べるといっそうおいしいですから！

そういう旅行のときも、機上では本を読みながらひとりの時間を過ごし、現地でみなさんと落ち合うのが私の旅の仕方です。○○という町の△△というレストランで夕食時に会いましょう、と場所と日時だけ決めておいて、おのおのが好きなルートでそこへ向かうのです。

旅って、点から点へ移動する人が多いようです。でも、そうではなくて、目的地へ一目散に向かうのではなく、そこへ行くまでの寄り道が楽しいと私は思う。

たとえば最初にローマへ行ったとき、私も一応、観光名所へ行きました。ひとりでぐるぐる歩きまわって、トレビの泉へ行ったときのことです。ふと見たら、すぐ近くに地味な〝パスタミュージアム〟の看板を掲げた古い建物がある。ここ、ご存じですか？　いろいろな人に聞いてみたけれど、トレビの泉へは行ったことがあっても、パスタ博物館は知らない方が多い。そのときも外は観光客だらけなのに、博物館には私一人。静かで気持ちがよく、パスタの歴史などがわかってすごく面白かったです。

旅の醍醐味は寄り道だと思うのです。だから大勢でイタリアへ行くときも、ほかの人たちが飛行機で目的地へ向かうところを、私たち〝寄り道派〟の数名は車でのんびり行きます。お昼をどこで食べるかも決めずに、昼頃に通りかかった村で、鼻を利かせてよさそうな食堂へ入っていって……。そういう旅のスタイルがやっぱり好き。

ところが残念ながら、日本国内ではそれができていないのです。点から点への移動ばかり。だから国内を「旅している」とは私は言えないかもしれません。

冬は、月鍋を食べに遠出するのが恒例になっています。地元で捕れた月の輪熊の肉（白く美しい脂身が美味！）を、上等なおだしのしゃぶしゃぶでいただくのが絶品！その行きや帰りなどに新幹線に乗っているとき、いつも見入ってしまう風景があります。米原《まいばら》あたりの山かげに美しい集落があり、山と畑の間に、黒い瓦の大きな屋根の集落が美しく、雪景色のときは尚更です。「今度はあそこへ行こう」といつも思っているのだけれど……。いつか必ず叶えたい寄り道です。

紅い煮りんごの楽しみ

秋口に出まわる〝秋映《あきばえ》〟は、煮るととってもきれいな色。もちろん〝紅玉〟も好きで、りんごのおいしい季節にはせっせと煮て冷凍しておきます。少し溶けかけたのをソルベみたいにして食べるのもおいしいし、タルトタタンを作ったり、バターケーキに入れたり。冷凍庫に煮りんごがあると、デザートが気軽にできるのです。

それに、作ることじたいが楽しみ。皮つきのまま食べやすい大きさに切って、グラニュー糖とレモンの汁をふりかけて少しおいて。りんごから水分が出て砂糖が溶けてきたら銅鍋に入れ、クッキングシートを落としぶたにして火にかけます。果肉にだいたい火が通ってきたな、と思ったところでペーパーを取ってください。ルビーのような紅い色で、ものすごくきれいでしょう！　それに部屋じゅうに漂う甘酸っぱい香り……。この瞬間いつも、秋という季節のただ中にいる幸せを感じます。

以後はペーパーを取り、水分を飛ばしながら煮ます。煮え立てては色が褪《あ》せたようですが、銅鍋に入れたまま冷ますと、また色が鮮やかにもどってくるのでご安心を。

色を楽しみたいので私は皮つきのまま銅鍋で煮ますが、もちろん皮をむいても、普通の鍋で煮てもよいのです。冷めたら使いやすく小分けにして冷凍しておきます。

冬には火鉢を出します

空気が冷たくなる秋の終わりになると、大きな素焼きの火鉢を出して、火を熾し、3月のまだ肌寒い時期まで火鉢のある暮らしを楽しみます。

わが家はコンクリートが剝《む》き出しの天井で、どちらかといえば洋風な空間。そこに火鉢の火がぽっと赤く灯り、鉄瓶がしゅんしゅんと湯気を上げている景色が珍しいらしくて、いらした方が口々に言うのです。「素敵ですねぇ、火鉢のある暮らし」って。「そうね、いいものですよ」と私も応えます。

生まれ育った家にも火鉢がありましたし、私にとって、冬に火鉢がある風景は当たり前。20年ほど前に旅先のベトナムで、この素焼きの植木鉢を見つけたときも「火鉢にいいわね」とすぐにひらめきました（よくぞ割れずに日本まで届いてくれたものです）。それからは毎冬、炭を熾す楽しみを味わっています。

火鉢には灰と炭が必要です。灰は、お茶道具屋さんに注文して送ってもらいました。炭は、私はクヌギの炭と備長炭を使っています。クヌギの炭は、カシの炭や備長炭に比べたら、ずっと火が点きやすいのです。それに見た目もきれい。最初はお茶道具用の形も整った炭を買っていたのですが、とんでもないお値段でアッという間になくなってしまうので、割れや崩れのあるお徳用を買うようになりました。

その年最初に火鉢に火を入れるときは――。クヌギの炭を火熾し器（66ページに写真あり）の中に入れ、ガス火にかけて火を点けます。クヌギの炭が真っ赤になったら、それを火鉢の灰の上に置き、その上に備長炭の炭をのせます。火の点きやすいクヌギの炭を着火材として使うわけですね。

あとは、たまに炭の向きを変えて空気の通りをよくして、ときおり備長炭を継ぎ足していけば、ずっと火が熾《お》きた状態です。

もちろん、火鉢を使う際には換気をすることが大前提。私もマンション暮らしですから、たびたび窓を開けます。冷たい空気が入ってきて嫌……と思うでしょ？　ところが新鮮な空気が入ることで、炭火は燃えがよくなります。冷たい空気は入ってくるけれど、火鉢のまわりはかえって暖かくなる。この落差が気持ちいいんです。

傍らにいつも穏やかな火の気配があると、なんだか心が静かになって、時間もゆったりと流れるよう。それに火鉢は、〝おいしいもの〟のいずる場所でもあるのです。

火を変えてみると暮らしの景色が変わります。しゅんしゅんと長い時間沸かすほど、鉄瓶の鉄分が多く出て、お湯がまろやかでおいしくなると言われています。火鉢と鉄瓶は切っても切れない関係みたい。

備長炭は木のボウルに入れて、出しっぱなしにしておいても美しいもの。火鉢の中に入れる灰はいつもきれいにしておきたいので、考えた末、目の細かい網じゃくしをふるい代わりにして、さらさらの状態にしています。手はかかるんですけれど、そういうことをするのも好きです。

火鉢というのは面白くて、炭が赤々と燃えていても、鉢のまわりは手で触れることができるのです。それでいて空気で熱が伝わるので、じんわりと部屋が暖まります。結構、暖かいんですよ。

火鉢のそばで朝食を

埋《うず》み火、という言葉をご存じでしょうか。

火鉢の火を落とすときは、炭が完全に燃え切ってしまわないで、まだ芯のほうに熱が残っているうちに、火鉢の灰の中に炭を埋めておきます。灰には耐火性と断熱性があって（だから火鉢は火が熾きていても鉢が熱くならず、床に直接置けるわけですね）、炭を灰の中に埋めれば、いったん火が収まります。でも実は、灰の中の炭にはまだ熱が残っている状態。これが埋み火（種火）です。

冬の朝。目覚めると火鉢の灰を掻いて、前夜に灰の中に埋めておいた埋み火を掘り出します。そこへ新たな炭を継いで、火鉢の火を熾します。

いい具合に火が熾ったら、網をのせて、さぁ、朝食の時間です。

用意するものは、

・トースト……盛岡・横澤パンの食パン

・バター……カルピスバター

・ジャム……夏みかんのジャム
・ミルクティ……田園調布・ティージュの紅茶と牛乳

昔ながらの手ごねで作られている、盛岡の横澤パンの食パンが好きです。取り寄せて、いつも冷凍しています。

室温において柔らかくなったら、火鉢の網にのせて両面をじっくり焼きます。こんがりと焼き色がつくまで。

炭火焼きは「火」ではなく、炭が燃えて熱くなった空気が上に上がろうとする性質で伝わる「熱（輻射熱《ふくしゃ》）」で焼くのだそう。だからパンでも魚でも肉でも、芯のほうまでふっくらと素早く焼けて、水分が奪われないせいか、ガス火や電気で焼いたものとはまるで違うおいしさです。そして炭火の遠赤外線の力で、表面においしそうな焼き色がつきます。

パンも、火鉢で焼くと焦げたところが特別おいしい。バターをたっぷり塗り、苦みのある自家製の夏みかんのジャムなどつけると……もう、最高です。

パンとお茶だけのごくシンプルな朝ごはんですが、〝火鉢でパンを焼く〟というだけで、とても満ち足りた気分になって、よい一日のはじまりを感じるのです。

冬は、火鉢があるソファまわりが、朝食のスペースに。こういうときに、昔から愛用している韓国の李朝膳は便利です。

ミルクティはイギリス人陶芸家、ジョー・ダブダの大きなマグカップでたっぷりと飲みたい。

常備食はゆであずき

冬じゅう、冷凍庫にゆであずきを常備しています。お砂糖も入れず、ただふっくらと柔らかくゆでただけのあずきです。凍らせておいたのを、少し解凍して、しゃりしゃりと氷あずきみたいに食べるのは、冬の暖かい部屋の中でのお楽しみ。食後のデザートにお出ししても喜ばれます。

せっかくゆでるのですから、あずきは上質なものを。私は丹波の大納言を使います。量の多少にかかわらず煮る手間は一緒なので、豆を買ったら新鮮なうちに、ひと袋煮てしまいます。

あずきをたっぷりの水につけて、冷蔵庫に2〜3日入れます。水は毎日取り替えます。面倒なようですが、こうして冷水につけて充分に時間をかけてもどしたほうが、火の通りも早いし、ふっくらとおいしく煮えます。

煮る前には〝渋きり〟をして、皮から出る渋み成分やアクを抜きます。あずきを水からゆで、沸騰後サッとゆでてお湯をきる〝ゆでこぼし〟を3回ほど繰り返します。

この渋きりをしたあとで、あずきを鍋に入れ、たっぷりの水を加えて火にかけます。沸いてきたら弱火にして、こまめにお湯を差しながら煮ます。新しい豆なら40〜50分で柔らかくなるはず。水のなくなり方が思ったよりも早いですから、豆が顔を出さないようにお湯を差しながら、常にたっぷりのお湯で煮ることが大事です。

私は最初はガス火で煮て、沸いたら火鉢の上にのせています。火鉢のやさしい熱は、豆をゆっくりと煮るのに実に好都合なのです。

冒頭にも書きましたが、うちではあずきは砂糖を入れずに煮るのです。あずきそのものがおいしければ、何も味をつけずにそのまま食べてもおいしいし、塩をパラパラとふって食べても美味。お腹の調子をととのえてくれるヘルシーなおやつです。甘いのがよければメープルシロップをかけてもいいし、子どもにはアイスクリームにゆであずきを添えても。味をつけないでおくと、いろいろに食べられて飽きがきません。

甘くして食べたいとき、ゆでたてのあずきに氷砂糖と和三盆を入れて、そのままひと晩おいて自然に溶かしてみてください。こうすると、すっきりとした甘みがついて、またひと味違う味わいに。私の好きな甘味です。

あずきは煮汁がおいしいので、煮汁ごと食べる分ずつに分けて冷凍しておきます。

あずきやりんごを煮るときに、愛用している銅鍋は新潟県燕市の玉川堂のもの。銅板を木槌などでたたきながら縮めて、立体的な鍋などを作る鎚起銅器という製法で作られています。火のあたりがやわらかく、この鍋と火鉢の熱の組み合わせは最高です。

ていねいに煮たあずきは、1粒1粒がしみじみおいしい。ほっこりとした味わいに金けはそぐわない気がしますので、漆のお椀とスプーンでいただきます。

みんなで作る有元家のおせち

年末の3日間はうちのスタジオに、娘の家族やスタッフたちが集まって、みんなでおせち作りをします。黒豆や伊達巻きから、その年の最新作など私のオリジナル料理まで、いつも決まった25品を手分けして作り上げます。できた料理は密閉容器にせっせと詰めて、それぞれが家へ持ち帰り、お正月を迎えるのです。

私の実家はお正月に作る決まった料理は大鉢料理。手のこんだおせちは作らない家でした。嫁ぎ先の義兄嫁が作るおせちは美しくおいしくて、教えてもらいました。これが今のうちのおせちのルーツです。20代で家庭を持ってから、ほぼ毎年おせち作りをしていることになります。

手作りのおせちを家族でいただく喜びはもちろんですが、みんなでそれを作ることじたいが、なんかこう、いいんですよね。きちんと一年の締め括りができるようで、気持ちがいい。忘年会はしないけれど、女子も男子も集まっておせち作りをする。わが家らしくて、大切に続けていきたい行事です。

伊達巻き1本を作るのにちょうどいいサイズの卵焼き器が欲しくて、ラバーゼで作りました。鉄製で熱伝導がよく、ふっくらと香ばしく焼き上がります。うちの伊達巻きは材料に甘鯛を奮発して、砂糖控え目で、だしの味を利かせたもの。すごくおいしいですよ。

今年もシクラメンの花が咲きました

「シクラメンが咲きましたね。原種なんですね、小さくて可愛らしい」

植物が大好きで、とても詳しいスタイリストのCさんが、ベランダの鉢植えに目をとめて言いました。

「そうなの。放っておいたんですけれど、咲いてくれたのよ」

スーッと伸びた茎の先についた花は、半透明のピンク色。羽根を広げた小さな蝶々の群れのようにも見えます。イタリアで野原に自生するのを見て、原種のシクラメンの素朴な可愛らしさを知り、大好きになりました。そもそもシクラメンは地中海地方原産だそうです。

日本でも最近、原種のシクラメンをよく見かけます。冬に買ったこの鉢植えは、花が終わってからもそのままにしていたら、うちのベランダの環境が気に入ったのか、次の秋口にまた咲いてくれたのです。春まで咲き続けて、10年はもつという多年草。毎年の季節のめぐりの楽しみ事が、またひとつ増えました。

おわりに

「やめたこと」と「やらないこと」。

毎日すること、ときどき必ずすること……と、この本には自分の「やっている」ことばかりを書いてきました。でも、もちろん逆もあるのです。

まず、「やめたこと」。私が何かをやめるのは納得できないときです。それを続けることで気持ちよくいられなかったり、受け入れられない何かがあるときはやめどきで、「やめる」という選択も時には必要です。仕事でもどんなことでも。人づきあいをやめることが一番難しいですが、しなくてはならないこともあります。

それから「やらないこと」。「先の心配をすること」と「人の評価を気にすること」は私はしないです。先のことは、考えても思ったようにならない。他人がどう思うかで、自分の生き方を変えることはできない――それだけは、もうわかっているんです。

すべてのものは常に動いている。この世の中には「変わらない」ものはなくて、同じ空間にいても、1秒後、1分後には違う空間であり、違う自分です。何かの目標を掲げて5年後に到達したとしても、5年後の自分がそこに喜びを感じるかどうかわかりません。先を見ることなんて誰にも本当は不可能で、「今やれることを充分にやる」しかないと思うのです。

自然を見るとわかります。誰も見ていないところにも、美しい自然が息づいている。いや、むしろ人間の目に触れないところにこそ、真の美があるのではないかと思う。人が見ていようが見ていまいが、良きものは良きものとして、そこにあります。そう信じて、「自分の道を行く」しかないと思うのです。

ほかに何かいいことがあったら教えて欲しいです。よりよく生きるためのよい方法がほかにあるのならば。

さまざまな体験を経て、私が心の底から思っていることを書きました。

自分の「今」を精一杯に——。ありきたりなようですが、本当にそれしかないと思う。精一杯やっている「今」こそが、10年後の私たちになって現れるのだと思います。

有元葉子《ありもと・ようこ》

料理研究家。3人の娘を育てた専業主婦時代から料理上手なことで有名で、雑誌に登場したのがきっかけで料理研究家に。素材を活かしたシンプルでおいしい料理はもちろん、洗練された暮らしぶりにファンが多い。メーカーと共同開発するキッチン用品「ラバーゼ」のシリーズでは使いやすさと機能美を追求。東京・田園調布にある「Shop281」では、自身がセレクトした暮らしの道具や雑貨などを紹介している。豊かな感性で、フットワーク軽く、人生をあざやかに楽しむ生き方は多くの女性の憧れ。『使いきる。有元葉子の整理術』などのエッセイや、『「使いきる。」レシピ　有元葉子の〝しまつ〟な台所術』『ふだん着のおかず』『ふだん着のパスタ』などのレシピ本(以上、講談社)を多数執筆。

装丁・本文デザイン　若山嘉代子(L'espace)

編集協力　白江亜古

撮影　青砥茂樹(本社写真部)

毎日《まいにち》すること。ときどきすること。

2016年2月18日　第1刷発行

著　者　有元葉子《ありもとようこ》

発行者　鈴木　哲

発行所　株式会社　講談社
東京都文京区音羽2-12-21　〒112-8001
電話　編集　03-5395-3527
販売　03-5395-3606
業務　03-5395-3615

印刷所　慶昌堂印刷株式会社

製本所　株式会社国宝社

落丁本・乱丁本は、購入書店名を明記のうえ、小社業務あてにお送りください。送料小社負担にてお取り替えいたします。なお、この本についてのお問い合わせは、生活実用出版部　第一あてにお願いいたします。

ISBN978-4-06-219940-7